AF289008

© Verlag Herder GmbH, Freiburg im Breisgau 2023
Alle Rechte vorbehalten
www.herder.de

Gesamtgestaltung: Veronika Preisler, München
Druck: PNB Print Ltd
Printed in Latvia

Gedruckt auf umweltfreundlichem, chlorfrei gebleichtem Papier

ISBN 978-3-451-71652-2

Meine liebsten
SEGENSWÜNSCHE

Mit Illustrationen von
Martina Hoffmann

HERDER 45
FREIBURG · BASEL · WIEN

Beim ersten Licht der Sonne über dem Horizont
– sei gesegnet!
Wenn der Tag sich verabschiedet
– sei gesegnet!
Wenn du lachst oder weinst,
redest oder schweigst
– sei gesegnet!
Der Segen des allmächtigen Gottes begleite dich
in jeder Stunde,
an jedem Tag,
in deinen Gedanken,
bei allem, was du tust.

Irischer Segenswunsch

Denn er befiehlt seinen Engeln,
dich zu behüten auf all deinen Wegen.

Psalm 91,11

Mein Kind,

dein sei die Kraft der großen Flüsse.

Dein sei die Kraft des weiten Ozeans.

Dein sei die Kraft der tiefen Quellen.

Dein sei die Kraft des sanften Regens.

Dein sei die Kraft des glühenden Feuers.

Dein sei die Kraft des leuchtenden Blitzstrahls.

Dein sei die Kraft der harten Felsen.

Dein sei die Kraft der fruchtbaren Erde.

Dein sei die Kraft der höchsten Liebe.

Nach einem alten keltischen Segensspruch

Der Herr ist dein Beschützer.
Er passt auf dich auf,
dass dich am Tag die Sonne nicht versengt,
dass dir in der Nacht der Mond nichts anhat.
Der Herr behütet dich vor allem Übel,
der Herr behütet dein Leben.
Der Herr behütet dein Gehen und Kommen
von nun an bis in Ewigkeit.

Nach Psalm 121,5–8

Gott segne dich und behüte dich,
alle Tage deines Lebens!
Keinen Tag soll es geben, an dem du sagen musst:
Niemand ist da, der mich hält.
Keinen Tag soll es geben, an dem du sagen musst:
Niemand ist da, der mich beschützt.
Keinen Tag soll es geben, an dem du sagen musst:
Niemand ist da, der mich begleitet.
Der Herr segne dich.

Mögen alle Segnungen des Herrn
heute in dein Leben strömen.
Möge er seine Engel schicken,
um dich auf deinem Weg zu beschützen.
Was für ein Geschenk des Himmels du bist!
So kostbar und so wundervoll.
Mögen Sonnenlicht und Mondstrahl
auf deinem Haar tanzen,
während du still in deinem Bettcher schläfst.
Möge das Glück an deiner Seite sein,
wo immer du auch gehst.

Irischer Segenswunsch

Ein neuer Weg ist immer ein Wagnis.
Aber wenn wir den Mut haben loszugehen,
dann ist jedes Stolpern und jeder Fehltritt
ein Sieg über unsere Ängste,
über unsere Zweifel und Bedenken.

Demokrit

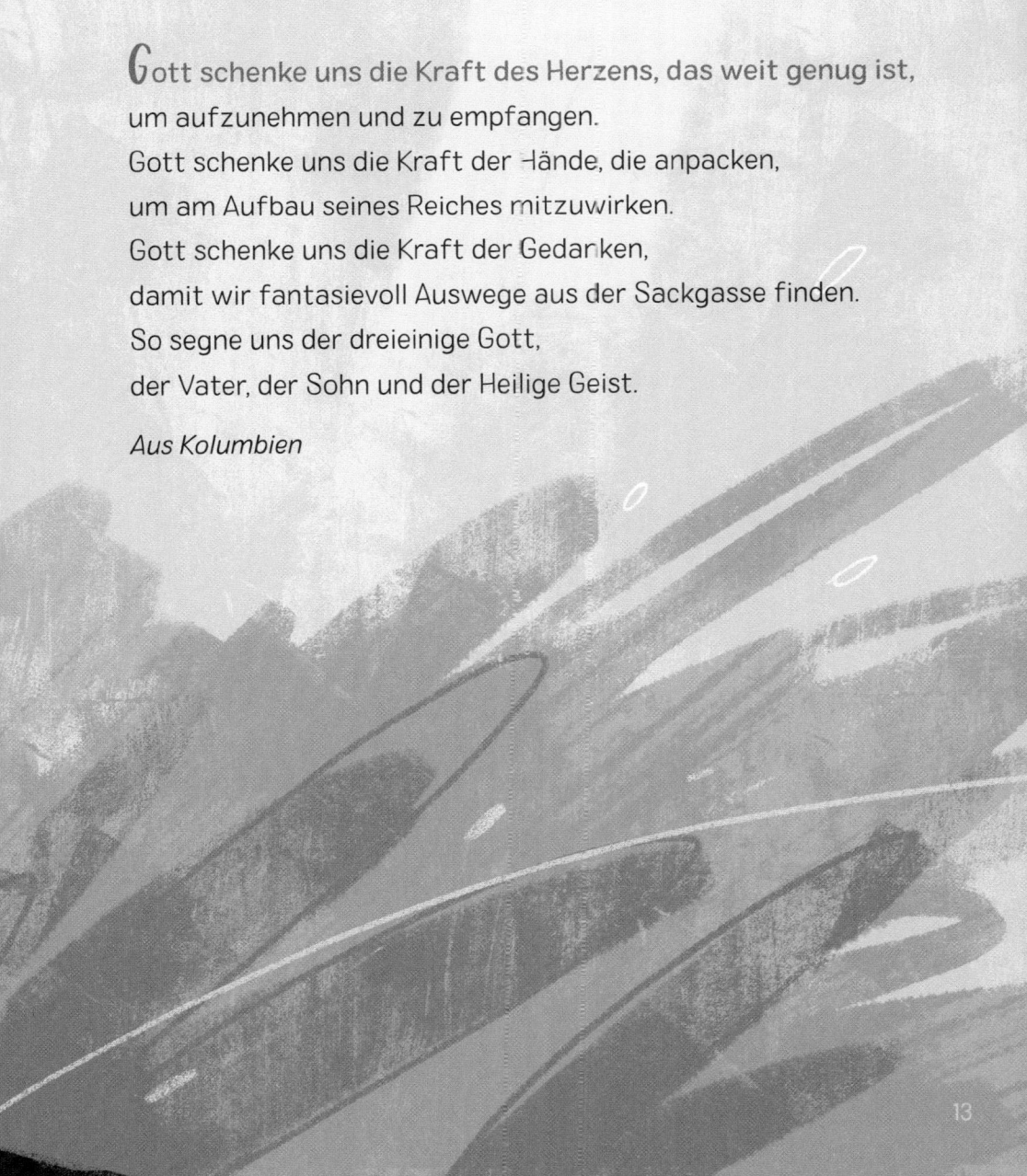

Gott schenke uns die Kraft des Herzens, das weit genug ist,
um aufzunehmen und zu empfangen.
Gott schenke uns die Kraft der Hände, die anpacken,
um am Aufbau seines Reiches mitzuwirken.
Gott schenke uns die Kraft der Gedanken,
damit wir fantasievoll Auswege aus der Sackgasse finden.
So segne uns der dreieinige Gott,
der Vater, der Sohn und der Heilige Geist.

Aus Kolumbien

Gütiger und milder Gott,
ich schaue heute Morgen aus dem Fenster
in mein Dorf, in meine Stadt,
in die Straße, in der ich wohne.
Ich denke an die Menschen,
die dort in den Häusern wohnen.
Du weißt, wie es ihnen geht.
Und du weißt auch, was sie brauchen.
Halte deine segnende Hand über sie
und schenke ihren Herzen,
wonach sie sich sehnen.

Anselm Grün

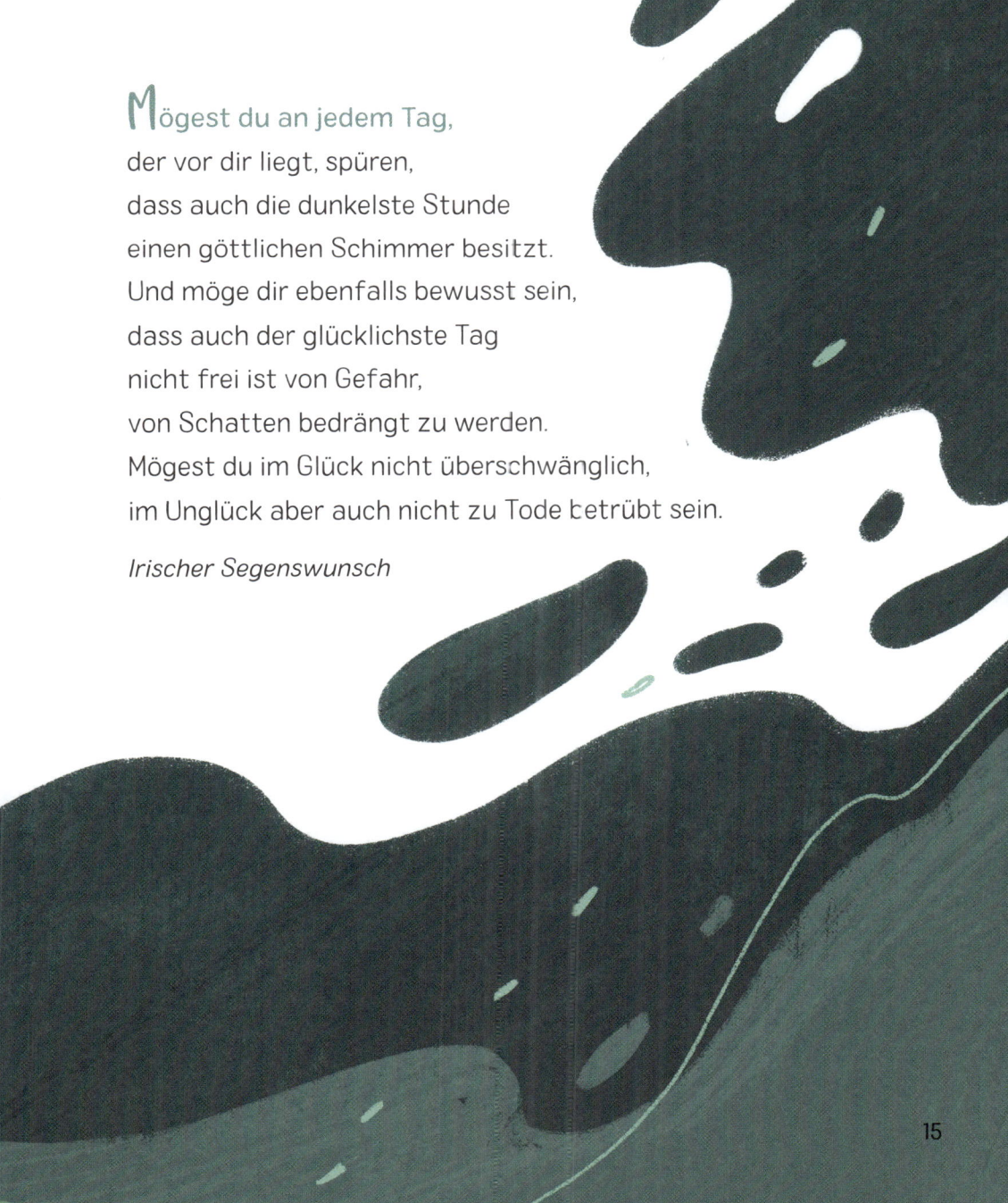

Mögest du an jedem Tag,
der vor dir liegt, spüren,
dass auch die dunkelste Stunde
einen göttlichen Schimmer besitzt.
Und möge dir ebenfalls bewusst sein,
dass auch der glücklichste Tag
nicht frei ist von Gefahr,
von Schatten bedrängt zu werden.
Mögest du im Glück nicht überschwänglich,
im Unglück aber auch nicht zu Tode betrübt sein.

Irischer Segenswunsch

Mögest du Ruhe finden,
wenn der Tag sich neigt
und deine Gedanken noch einmal
die Orte aufsuchen,
an denen du heute
Gutes erfahren hast.
Auf dass die Erinnerung
dich wärmt und gute Träume
deinen Schlaf begleiten.

Irischer Segenswunsch

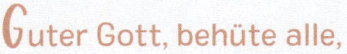**G**uter Gott, behüte alle,
die heute Nacht wach liegen,
weinen oder über andere wachen;
und lass deine Engel die beschützen, die schlafen.
Tröste die Kranken und gib den Erschöpften Ruhe.

Augustinus

Die Nacht bricht an über Stadt und Feld.
Gott, segne die Erde, behüte die Welt.

Den tiefen Frieden im Rauschen der Wellen,
den wünsche ich dir.
Den tiefen Frieden im schmeichelnden Wind,
den wünsche ich dir.
Den tiefen Frieden über dem stillen Land,
den wünsche ich dir.
Den tiefen Frieden unter den leuchtenden Sternen,
den wünsche ich dir.
Den tiefen Frieden vom Sohne des Friedens,
den wünsche ich dir.

Irischer Segenswunsch

Friede möge dich umgeben
wie ein kostbarer Ring.
Er möge dich umschließen
vom Anfang bis zum Ende,
und für das Böse bleibe keine Lücke.

Irischer Segenswunsch

Gott gebe dir

für jeden Sturm einen Regenbogen,
für jede Träne ein Lachen,
für jede Sorge eine Aussicht
und eine Hilfe in jeder Schwierigkeit.
Für jedes Problem, das das Leben schickt,
einen Freund, es zu teilen,
für jeden Seufzer ein schönes Lied
und eine Antwort auf jedes Gebet.

Irischer Segenswunsch

Möge Gott auf dem Weg,

den du vor dir hast, vor dir hergehen.
Das ist mein Wunsch für deine Lebensreise.
Mögest du die hellen Fußstapfen des Glücks finden
Und ihnen auf dem ganzen Weg folgen.

Irischer Segenswunsch

Gehe aufrecht wie die Bäume,
lebe dein Leben so stark wie die Berge,
sei sanft wie der Frühlingswind,
bewahre die Wärme der Sonne im Herzen,
und der große Geist wird immer mit dir sein.

Indianische Weisheit

Mögest du dich Gott immer so nahe fühlen wie heute.
Mögest du darauf bauen,
dass Gott dich sanft an der Hand führt
und dir den Weg zeigt.
Mögest du dich darauf verlassen,
dass Gott auf jedes deiner Gebete eine Antwort hat.
Mögest du Gottes Segen
und Gottes Liebe in deinem Leben spüren.

Irischer Segenswunsch

Der Herr sei unter dir, um dich aufzufangen, wenn du fällst.
Der Herr sei mit dir, um dich zu trösten, wenn du traurig bist.
Der Herr sei um dich herum, um dich zu verteidigen,
wenn andere über dich herfallen.
Der Herr sei über dir, um dich zu segnen.
So segne dich der gütige Gott
heute und morgen und immer.

Irischer Segenswunsch

Der Herr segne dich.
Er schenke dir Glück und Freude im neuen Lebensjahr
und begleite dich auf all deinen Wegen.
Er stehe dir bei in guten und in schweren Stunden
und bewahre dich vor Verzweiflung und Verzagen.
Er erfülle dich mit Hoffnung und Zuversicht
und stärke dich für die Aufgaben, die das neue Lebensjahr bringt.
An allen Tagen deines Lebens soll sein Segen auf dir ruhen.

Anna Butte

Lieber Gott,
segne diesen Sonntag,
segne unsere Familie und unser Zuhause,
damit wir heute Zeit und Möglichkeiten finden
zum Miteinanderreden,
zum Nichtstun,
zum Genießen,
zum Ausruhen.
Lass uns nicht so sehr an morgen denken,
sondern die Stunden genießen,
die uns heute geschenkt sind.
Segne diesen Sonntag!

Anna Butte

Schöpfer Gott, segne unsere Augen,

dass sie sehen – die Kostbarkeit der Schöpfung,

die Schönheit der Erde, die Gefährdung des Lebens.

Schöpfer Gott, segne unsere Ohren,

dass sie hören – das Seufzen der Schöpfung,

den Schrei der Erde, das Rufen des Lebens.

Schöpfer Gott, segne unsere Hände,

dass sie handeln – aus Liebe zur Schöpfung,

aus Verantwortung für die Erde, aus Freude am Leben.

Schöpfer Gott, segne unser Herz,

dass es schlägt – für die Bewahrung der Schöpfung,

für die Erhaltung der Erde, für den Schutz des Lebens,

für dich.

Schöpfer Gott, segne uns,

die du geschaffen hast mit deinem Segen

– dass wir selber zum Segen werden für unsere Mitmenschen

und Mitgeschöpfe und für das ganze gemeinsame Haus,

das du aus Liebe geschaffen hast.

Mögest du die kleinen Wegweiser des Tages nie übersehen:
Den Tau auf den Grasspitzen,
den Sonnenschein auf deiner Tür,
die Regentropfen im Blumenbeet,
das behagliche Schnurren der Katze,
das Wiederkäuen der Kuh,
das Lachen aus Kinderkehlen,
die schwielige Hand des Nachbarn,
der dir einen Gruß über die Hecke schickt.
Möge dein Tag durch viele kleine Dinge groß werden.

Irischer Segenswunsch

Mögest du nie aufhören zu staunen und dankbar zu sein
für Gottes wunderbare Schöpfung:
... für die Tiere,
... für die Pflanzen,
.... für Sonne, Mond und Sterne,
... für Meere und Seen,
... für Berge und Wälder.
Segne alle Menschen, die sich für unsere Natur und Umwelt
sorgen.

Anna Butte

O Gott, von dem wir alles haben,
wir preisen dich für deine Gaben.
Du segnest uns, weil du uns liebst,
drum segne auch, was du uns gibst.

Segne, Vater, unser Essen.
Lass uns Neid und Hass vergessen,
schenke uns ein fröhlich Herz.
Leite du so Herz wie Hände,
führe du zum guten Ende
unsere Freude, unsern Schmerz.

Gib, dass wir heute,
Herr, durch dein Geleite
auf unsern Wegen
unverhindert gehen
und überall in deiner Gnade
stehen.

Paul Gerhardt

Ich überantworte mein kleines Schiff
dem brausenden Ozean.
Wache über mich, Herr.
Mein kleines Schiff tanzt auf den Wellenriesen.
Wache über mich, Herr.
Bei Ebbe und Flut,
bei Hagel und Regen,
bei Sonne und Wind
sei mein Loste, Herr,
und geleite mein Boot
in den Hafen des Friedens.

Irischer Segenswunsch

Die Koffer sind gepackt,
und unser Urlaub kann bald losgehen.
Herr, bitte sei bei uns auf dieser Reise,
damit wir wohlbehalten am Ziel ankommen und
gesund und glücklich nach Hause zurückkehren.
Begleite uns auf unserem Weg,
lass uns viele schöne Dinge erleben,
an die wir uns noch lange gerne erinnern.
Schütze uns in dieser Zeit vor Gefahren
und schenke uns deinen Segen.

Anna Butte

Sei also ohne Furcht und Angst,
denn der Herr, dein Gott,
ist mit dir überall,
wohin du auch gehst.

Josua 1,9

Herr, segne jedes Haus,

in dem Menschen zusammen leben, lieben und lachen,
essen, feiern und fröhlich sind.
Lass sie Glück, Liebe und Verbundenheit erfahren
und den Moment der Gemeinschaft genießen.

Herr, segne jedes Haus,
in dem Menschen zusammen leben, streiten,
hassen und traurig sind.
Schenke ihnen Liebe, Trost und die Kraft der Versöhnung.

Anna Butte

Herr, segne meine Geschwister, Eltern und Großeltern,
die mich lieben und zu mir stehen,
auch wenn ich mal Mist gebaut habe;
die mich trösten und mir zuhören,
wenn ich traurig bin;
die sich schützend vor mich stellen,
wenn ich in Gefahr bin;
die stolz auf mich sind,
wenn ich etwas geschafft habe;
die mich in Freiheit und Liebe wachsen lassen
und mir gleichzeitig Sicherheit und Geborgenheit schenken.
Danke, dass sie immer für mich da sind, wenn ich sie brauche!

Anna Butte

Das Erste, das der Mensch im Leben vorfindet,
das Letzte, wonach er die Hand ausstreckt,
das Kostbarste, was er im Leben besitzt,
ist die Familie.

Adolph Kolping

Mögen aus jedem Samen, den du säst,
wunderschöne Blumen werden –
auf dass sich die Farben der Blüten
in deinen Augen spiegeln
und sie dir ein Lächeln auf dein Gesicht zaubern.

Irischer Segenswunsch

Nimm dir Zeit zum Träumen,
das ist der Weg zu den Sternen.
Nimm dir Zeit zum Nachdenken,
das ist die Quelle der Klarheit.
Nimm dir Zeit zum Leben,
das ist der Reichtum des Lebens.
Nimm dir Zeit zum Freundlichsein,
Gott sei neben dir, wenn du unsicher bist.
Das ist das Tor zum Glück.

Irischer Segenswunsch

41

Gib treulich mir die Hände,
sei Bruder mir und wende
den Blick vor deinem Ende
nicht wieder ab von mir.
Ein Tempel, wo wir knien,
ein Ort, wohin wir ziehen,
ein Glück, für das wir glühen,
ein Himmel mir und dir!

Novalis

Möge dein Weg dir freundlich entgegenkommen,
möge der Wind dir den Rücken stärken.
Möge die Sonne dein Gesicht erhellen
und der Regen um dich her die Felder tränken.
Und bis wir beide, du und ich, uns wiedersehen,
möge Gott dich schützend in seiner Hand halten.

Irischer Segenswunsch

Der Herr sei vor dir,

um dir den rechten Weg zu zeigen.

Er sei neben dir,

um dich in die Arme zu schließen

und dich zu schützen

gegen Gefahren von links und rechts.

Er sei hinter dir,

um dich zu bewahren

vor der Heimtücke böser Menschen.

Er sei unter dir,

um dich aufzufangen, wenn du fällst

und dich aus der Schlinge zu ziehen.

Er sei in dir,

um dich zu trösten,

wenn du traurig bist.

Er sei um dich herum,

um dich zu verteidigen,

wenn andere über dich herfallen.

Der Herr sei über dir,

um dich zu segnen.

Segensgebet aus dem 4. Jahrhundert

Lieber Gott,

segne alle Menschen, die krank sind.
Stärke sie mit deiner Kraft
und steh ihnen bei in ihrer Ungeduld.
Gib ihnen Hoffnung und Aufmunterung
und unterstütze sie bei ihrer Genesung.
Schenke ihnen heute und alle Tage
ihres Lebens deinen Segen.

Anna Butte

Deine Zuversicht ist ja der Herr,
zum Schutz hast du erkoren den Höchsten.
So wird dir begegnen kein Unheil,
keine Plage wird nahen deinem Zelt.
Denn er entbietet für dich seine Engel,
dich zu behüten auf all deinen Wegen.
Sie sollen auf den Händen dich tragen,
dass nicht an einem Stein sich stoße dein Fuß.

Nach Psalm 91,9-12

47

Mögest du immer einen Platz haben,
an dem du dich geborgen fühlst.
Eine Herberge, in der du wie die Hirten
den Frieden aller stillen Dinge findest,
einen Stern, der dich führt,
ein Licht, das dir in der Dunkelheit leuchtet,
einen Schimmer Ewigkeit in deinem Herzen.
Eine Tür, die weit geöffnet ist
und alle willkommen heißt, die durch sie gehen.

Nach einem Segen des BDKJ Rottweil

Heilig ist die Sternenzeit,
öffnet alle Grüfte;
strahlende Unsterblichkeit
wandelt durch die Lüfte.

Gottfried Keller

Ich wünsche dir Augen,

mit denen du einem Menschen ins Herz schauen kannst

und die nicht blind werden, aufmerksam zu sein auf das,

was er von dir braucht.

Ich wünsche dir **Ohren**,

mit denen du auch Zwischentöne wahrnehmen kannst

und die nicht taub werden beim Horchen auf das,

was das Glück und die Not des anderen ist.

Ich wünsche dir einen **Mund**,

der das Unrecht beim Namen nennt

und der nicht verlegen ist

um ein Wort des Trostes und der Liebe zur rechten Zeit.

Ich wünsche dir **Hände**,

mit denen du liebkosen und Versöhnung bekräftigen kannst

und die nicht festhalten,

was du in Fülle hast und teilen kannst.

Ich wünsche dir **Füße**,

die dich auf den Weg bringen zu dem, was wichtig ist,

und die nicht stehen bleiben

vor den Schritten, die entscheidend sind.

Ich wünsche dir ein **Rückgrat**,

mit dem du aufrecht und aufrichtig leben kannst

und das sich nicht beugt

vor Unterdrückung, Willkür und Macht.

Und ich wünsche dir ein **Herz**,

in dem viele Menschen zu Hause sind

und das nicht müde wird,

Liebe zu üben und Schuld zu verzeihen.

Jüdischer Segensspruch

Gott, ich stehe mit dir auf,
mögest auch du dich mit mir erheben.
Deine Hand greife nach mir,
meine Hand greife nach dir,
ob ich liege oder stehe,
wache oder gehe
– sei mein Schutz.

Irischer Segenswunsch

Der Herr segne dich und behüte dich.
Der Herr lasse sein Angesicht leuchten über dir
und sei dir gnädig.
Der Herr hebe sein Angesicht über dich
und gebe dir Frieden.

Aaronitischer Segen

Ich wünsche dir Eigenschaften,
die dich werden lassen,
was du bist und immer werden willst –
jeden Tag ein wenig mehr.

Mögen deine Pläne
dereinst in Erfüllung gehen,
aber heute mögest du
glückliche Stunden erfahren.

Möge dein Lebensschiff
nie vom richtigen Kurs abkommen,
auf dass der Wind für dich
immer günstig stehe.

Irischer Segenswunsch

Ich bin das Licht der Welt.
Wer mir folgt, wird gewiss nicht
in der Finsternis umhergehen,
sondern das Licht des Lebens haben.

Johannes 8,12

Herr, mein Gott, ich danke dir,

dass du diesen Tag zu Ende gebracht hast.

Ich danke dir, dass du Leib und Seele zur Ruhe kommen lässt.

Deine Hand war über mir und hat mich behütet und bewahrt.

Vergib allen Kleinglauben und alles Unrecht dieses Tages

und hilf, dass ich allen vergebe, die mir Unrecht getan haben.

Lass mich in Frieden unter deinem Schutz schlafen

und bewahre mich vor Anfechtungen der Finsternis.

Ich befehle dir die Meinen, ich befehle dir dieses Haus,

ich befehle dir meinen Leib und meine Seele.

Gott, sein heiliger Name sei gelobt.

Dietrich Bonhoeffer

STICHWORTVERZEICHNIS:

QUELLENVERZEICHNIS

Die Psalmen sind zitiert aus:
Die Bibel. Die Heilige Schrift
des Alten und Neuen Bundes
Vollständige deutsche Ausgabe
© Verlag Herder Freiburg im Breisgau 2005

AΩ
DIE BIBEL

Anselm Grün, Gütiger und milder Gott, ch schaue heute
Morgen aus dem Fenster, aus: Jeder Tag hat seinen Segen
© Verlag Herder GmbH, Freiburg im Breisgau 2004.

Wir danken den jeweiligen Autoren und Verlagen für die freundliche
Genehmigung zum Abdrucken vorstehender Beiträge Wir haben uns
bemüht, alle Urheberrechtsinhaber zu ermitteln. Sollte uns dies nicht
in allen Fällen gelungen sein, möchten wir die Rechteinhaber bitten,
sich beim Verlag zu melden.